PLAIDOYER DE M. MAUGUIN

pour

LE NATIONAL.

PLAIDOYER

de M. Mauguin

POUR

LE NATIONAL,

PRONONCÉ DEVANT LA COUR D'ASSISES DE PARIS,

AUDIENCE DU 13 MAI 1831.

Messieurs les Jurés,

Ce n'est pas sans quelque surprise que les auteurs du *National* se voient appelés devant vous. A une autre époque et sous un autre régime, ils ont déjà subi, dirai-je le péril, dirai-je les honneurs d'un procès politique? Alors on les accusait d'une secrète hostilité ; mais aujourd'hui quels reproches à leur faire ? Deux grandes scènes ont composé notre dernière révolution. Dans l'une on voit le peuple combattre pour ses libertés ; il a pour lui la loi, contre lui le parjure : c'est à la loi que reste la victoire ; dans l'autre, des législateurs délibèrent ; ils ôtent, ils donnent la couronne ; c'est l'élection, c'est la majorité qui la confère. Dans ce grand drame, quelle a donc été la conduite des écrivains du *National?* Les premiers, ils ont donné le signal de la résistance ; les premiers aussi, par une proclamation affichée dans Paris, ils ont appelé sur le prince qui nous régit l'enthousiasme populaire. Déclarerez-vous ennemis de la liberté ceux qui, pour la défendre, ont exposé leur fortune et leur vie ? Déclarerez-vous ennemis du prince ceux qui, pour lui faire donner la couronne, se sont placés au pied de l'échafaud ?

Depuis le mois de juillet, je le sais, bien des choses sont changées ; cette grande époque n'inspire guère aujourd'hui que des répugnances ; si vous y avez pris part, ne vous présentez pas comme ayant un titre aux faveurs du gouvernement ; vous en avez un plutôt à ses poursuites. Vous, Messieurs, qui représentez la société, vous éprouvez d'autres sentimens, je l'espère ; je vous devais donc ces premières notions ; il importait à la cause que vous sussiez qui vous avez à juger. Quant à la cause même, pour vous la faire connaître, il faut que je mette sous vos yeux le tableau des choses et des esprits, au moment où le ministère du 13 mars a paru. Comment saisiriez-vous le sens de l'article qu'on accuse, si vous ne connaissiez les impressions, les craintes, les motifs qui l'ont dicté ?

Il y a toujours révolution dans un pays quand le chef de l'État est renversé par les armes. La secousse est légère s'il s'agit d'une révolution de palais ; elle ébranle la société jusque dans ses fondemens s'il s'agit d'une révolution de principes, si, comme en 1830, on a détruit tout un système. Alors se trouvent blessés tous ceux qui avaient placé dans le pouvoir déchu leur présent et leurs espérances. Combien, par exemple, les derniers événemens n'ont-ils pas froissé de sentimens et d'intérêts ? Je ne parlerai ni des courtisans, ni de ceux qui tenaient par affection à la dynastie expulsée. Mais croit-on qu'ils n'aient pas souffert dans leurs croyances, ceux qui regardent la légitimité comme un titre divin ou comme une protection pour les peuples ? Et les partisans du pouvoir absolu, et les partisans plus nombreux du pouvoir de l'Église, qui regardent l'intolérance comme un dogme, et croient la religion persécutée si elle ne commande ? Évidemment, toutes ces classes sont inquiètes, alarmées : j'en pourrais citer d'autres encore ; je pourrais citer notamment les classes anciennement privilégiées, à qui la restauration prodiguait les honneurs, les emplois, la fortune, en attendant, comme l'ont prouvé les projets de lois sur les substitutions et le droit d'aînesse, qu'elle pût leur rendre des priviléges.

Loin de moi, sans doute, de prétendre que dans tous ces intérêts mécontens le gouvernement doive apercevoir des ennemis ; non sans doute ; mais le parti légitimiste est soumis à la loi de tous les partis ; chacun y agira selon ses passions et son caractère. Les uns obéiront aux lois sans empressement, les autres avec murmure ; d'autres, plus impétueux, plus ardens, entraînés par des résolutions plus vives, attaqueront ce qui existe pour rétablir ce qu'ils regrettent. Nous en avons déjà la preuve dans les événemens du 14 février et dans ceux de la Vendée. Or, de ce concours d'ennemis toujours prêts à attaquer un gouvernement nouveau, à fomenter des troubles, à profiter de ses fautes, résulte pour lui une nécessité impérieuse, c'est celle de se faire des amis qui le défendent. Il faut qu'il adopte un principe, un système ; car un système n'est autre chose qu'un choix fait entre ses amis et ses ennemis.

La restauration avait le sien ; elle avait sa force, ses ap

puis. Autour d'un trône qui s'appelait légitime, se groupaient des intérêts héréditaires qui prétendaient participer à sa légitimité. Venait ensuite, entre les grands corps de l'État et le peuple, une classe noble, une classe aristocratique dont la restauration avait refait la richesse, et dont elle voulait, dans sa pensée intime, assurer l'avenir. Enfin, à côté, se présentait le clergé, puissance inquiète et rivale, dangereuse pour les rois, mais dévouée à la royauté, qui plaçait dans le ciel les sources du pouvoir, et prêchait comme un dogme religieux l'obéissance absolue aux volontés du prince.

Dans cet ordre de choses, tout agissait, tout pesait sur le peuple; on voulait en obtenir à la fois une soumission d'instinct et de croyance. Il était chargé du travail : à lui le commerce, les études, la fatigue. On avait prévu cependant que de son sein pourrait s'élever quelque grande fortune, quelque capacité redoutable, et l'on s'était occupé de lui préparer des issues ; la chambre élective et les emplois lui étaient offerts. L'aristocratie descendait même quelquefois jusqu'à ouvrir à l'homme nouveau ses rangs privilégiés, sauf à le flétrir du titre de parvenu.

Que ce système fût bon ou mauvais, ce n'est pas ce que j'examine ; je dis seulement que c'était un système. Il avait ses amis, mais il avait aussi ses ennemis ; et ses ennemis étaient plus forts que ses amis ; ce qui le prouve c'est qu'il est tombé en trois jours. Il est tombé, dira-t-on, à la suite des ordonnances ! Soit ; mais si l'on n'eût attaqué que les ordonnances, on se serait arrêté à leurs auteurs, et le résultat de la victoire se serait réduit à un procès. Pourquoi a-t-on expulsé la dynastie, si ce n'est parce que la dynastie était la clef du système ?

Ces ennemis de la restauration, qui étaient-ils ? Jamais, si on ne les connaît, on ne se fera une idée précise de notre état social.

Elle était venue à la suite des baïonnettes étrangères, derrière les bagages. Fidèle à son principe, elle s'était alliée depuis avec les rois contre la France; elle obéissait à l'étranger. La France est fière; elle aime la gloire : le joug de l'étranger l'offense et l'humilie. L'origine de la restauration et sa politique extérieure avaient profondément blessé tous les sentimens nationaux, et de là pour elle une classe d'ennemis que j'appellerai les *nationaux*, du nom du sentiment qui les distingue.

Elle s'était en outre appuyée sur une pairie héréditaire, sur une noblesse qui n'attendait que le moment de se montrer avec ses gothiques prétentions. C'était le régime des priviléges. Or le sentiment de l'égalité est celui qui a le plus d'empire en France. On avait pressenti, deviné la tendance du pouvoir; on avait vu tout ce qu'il attendait des secours du temps et de Montrouge. De là des inimitiés profondes. J'appellerai cette classe d'ennemis, ces partisans de l'égalité, les *égalistes*. Vous me permettrez, Messieurs, ces appellations; elles pourraient être plus heureuses, mais elles rendront ma discussion plus claire et plus précise.

Les *nationaux* et les *égalistes*, voilà ceux qui ont formé les barricades. En se battant à Paris on pensait à Waterloo, et ce qu'on a voulu détruire et renverser, c'est la sainte-alliance et le privilége.

Pour le gouvernement nouveau il était facile de savoir où seraient ses adversaires et ses soutiens. Les ennemis de la restauration devenaient naturellement les amis de notre jeune royauté; c'est donc à eux qu'elle devait demander un appui. La question de force n'était pas douteuse; ici étaient les vainqueurs, et là les vaincus.

Cette idée était bien simple; elle ne s'est cependant pas présentée à l'esprit des premiers conseillers de la couronne. On en chercherait vainement la raison, si on ne connaissait leurs doctrines; ils étaient tous ou presque tous anglomanes. Ils voulaient les priviléges, les classes, la société par étages ; en un mot la restauration ; ils l'avaient établie, soutenue, prônée, admirée ; leur esprit ne concevait rien de plus parfait, et jamais ils n'en avaient blâmé que les écarts.

On peut toujours deviner le système d'un gouvernement, quelque soin qu'il apporte à le cacher. Chaque mesure a sa pensée principale et son but ; si la même pensée se retrouve dans plusieurs actes, si elle se retrouve dans tous, il n'y a point de doute, voilà le système.

La première démarche du gouvernement nouveau a été fort significative. Il demandait que les abdications de Charles X et du duc d'Angoulême fussent enregistrées par les chambres (et l'enregistrement a eu lieu en effet) ; mais ces abdications étaient conditionnelles ; elles réservaient les droits d'une tierce-personne : c'était donc proposer aux chambres de réserver, de constater ces droits, c'était créer d'avance le procès Kergorlay. Certes, cette pensée ne pouvait être celle du prince. Il y en avait donc une autre ; mais cette autre, comment la découvrir ? Si au lieu de s'occuper des abdications, l'on eût proclamé la déchéance de Charles X et de sa famille, comme en 1814 celle de Napoléon, il n'y aurait eu aucun lien entre le présent et le passé : 1830 aurait créé son système comme 1814 avait créé le sien. Aussi qu'a-t-on fait ? on s'est borné à prononcer la *vacance* du trône, et voici ce qui en est résulté. Si le prince régnant aujourd'hui a été appelé au trône, c'est parce que le trône était vacant, et si on a appelé lui plutôt qu'un autre, c'est parce qu'il en était le plus près ; il y a eu de sa part exercice d'une espèce de droit d'hérédité. Dès lors il a dû prendre le trône comme un héritier, avec ses antécédens, son administration, ses principes. Et que l'on ne prétende pas que j'induise ou suppose : un des deux ministres qui ont eu le plus d'influence sur les premières déterminations, M. Guizot, l'a déclaré positivement à la tribune. La même pensée d'ailleurs s'est manifestée au même instant dans plusieurs actes. Elle se trouvait dans la disposition de la Charte nouvelle, qui déclare que la religion catholique est celle de la majorité des Français ; elle se trouvait encore dans la conservation de la magistrature. D'abord timide et presque honteux, le principe s'est produit, s'est développé chaque jour davantage. Maintenant il marche haut et à découvert.

Ainsi la restauration avait fait les traités de 1814 et de 1815. Comment les aurions-nous repoussés? N'étions-nous pas la restauration même, liés par ses actes, obligés par ses traités? Tout ce qu'il fallait, c'était que le prince fût admis dans la famille des rois légitimes. Pour cela, nous avons demandé, mendié des reconnaissances. Que l'honneur national en ait souffert, que nous ayons sacrifié le droit de réclamer nos frontières et de reconstruire Huningue, qu'importe? Les ministres ne s'en sont pas même occupés. Aussi, quand des peuples qui s'étaient soulevés à notre exemple ont imploré nos secours, nous leur avons dit : « Prenez garde ; vos principes ne sont pas les nôtres ; nous avons pour règle la garantie des territoires et la légitimité des rois ; nous ne devons point de secours à la révolte. »

A l'intérieur, la conduite du pouvoir a été la même. Les agens de Charles X ont presque tous été ou conservés ou rappelés aux emplois. Quelques nominations avaient d'abord été faites pour satisfaire l'opinion ; mais on a bientôt destitué, cassé les hommes qui montraient trop de patriotisme. Ministres, préfets, procureurs généraux, commandans des gardes nationales de France, tout ce qui n'approuvait pas les doctrines de la restauration a été expulsé. Les hommes de juillet ont été poursuivis, traqués ; ils sont devenus chair à réquisitoires, et jamais on n'en a plus encombré les prisons que depuis le moment où, les armes à la main, ils ont fait triompher la liberté.

La restauration continuée, voilà donc le système du gouvernement; il n'en veut, il n'en conçoit point d'autre. Ce système peut-il cependant aujourd'hui, après la révolution de 1830, avoir de la stabilité et de la durée? C'est un problème comme un autre; l'avenir le décidera. Qu'est-ce donc que la restauration dépouillée de ses deux bases, c'est-à-dire de son trône légitime et de son principe religieux? J'y reconnais bien, quant à moi, ce gouvernement mixte qu'on a justement qualifié de *quasi-restauration* et de *quasi-légitimité*; mais le propre de tout système mixte est de réunir les inconvéniens des deux principes qui le composent, et de n'avoir aucun de leurs avantages. Ainsi, se rattachera-t-on les légitimistes? non sans doute; l'empire même n'a pu le faire : le parti de la légitimité a sa foi et ses intérêts politiques; il cède, mais en apparence; il bat en retraite, mais ne se rend pas; qu'une occasion se présente, il la saisit, et vous attaque; il ne renonce certainement pas aujourd'hui à ses espérances, elles sont au-delà du détroit. Et les apostoliques! aura-t-on leur appui? pas davantage! Ils veulent avant tout la suprématie romaine; et nous n'en sommes pas encore au moment où les doctrines ultramontaines régneront sur la France.

Le système du pouvoir conservera donc pour ennemis tous ceux qui soutenaient la restauration et dont la révolution de 1830 a blessé les principes.

Aura-t-il du moins des amis?

Certes il ne satisfait pas les *nationaux*, qui, plaçant avant tout la gloire et l'indépendance nationale, s'indignent au nom seul de la sainte-alliance; il ne satisfait pas non plus les *égalistes*, qui ne tolèrent ni ces priviléges, ni cette pairie héréditaire que l'on veut conserver à tout prix. Il a donc pour ennemis tous les ennemis de la restauration, plus tous les intérêts que celle-ci avait ralliés à sa cause; il est plus faible que la restauration même. Aussi voit-on comme il use les hommes et les ministères; tout ce qu'il touche il le flétrit; preuve incontestable des résistances et du frottement de l'opinion. A la vérité le système s'appuie sur ces masses qui veulent le repos. Mais, précisément parce qu'elles veulent le repos, leur caractère est d'adopter successivement tous les pouvoirs, et successivement aussi de les tous laisser tomber. Que d'hommes parmi nous ont applaudi tour à tour, et de la meilleure foi du monde, à la république, à la restauration, à l'empire ! Ils voulaient en effet la conservation de la république, de la restauration ou de l'empire, parce que c'était le gouvernement établi ; mais le moment du danger est venu, et, pour le combattre, ils n'ont su donner ni de l'or ni du sang. C'est que, dans toute nation, il faut distinguer les forces vives et les forces inertes. Dans les premières sont les hommes à croyance, à dévouement, à sacrifice. Dans les autres, ceux qui mettent avant toutes choses leur petit bien-être ; qui ne voient pas de plus grandes affaires dans un État que leur dîner du jour ou le marché du lendemain ; qui partageront les joies d'un nouvel Austerlitz, si les premiers ils ont connaissance de l'événement, parce qu'ils joueront à la hausse ; qui s'accommoderont de Waterloo aux mêmes conditions, parce qu'ils gagneront à la baisse, et prendront leur parti sur l'invasion des Russes et des Prussiens, parce qu'ils y verront l'occasion d'un marché de fournitures ou d'un emprunt. Cette classe est nombreuse, elle comprend des hommes de tous les âges, de tous les états ; elle fuit les combats de la place publique, mais elle accourt à ceux du scrutin, où elle retrouve son influence. Il faut avoir soin de ses intérêts, il faut même se garder de la dédaigner, parce qu'elle a aussi, dans l'ordre social, sa destination et son utilité. Mais ne suivez jamais son impulsion pour le gouvernement d'un État ; elle ne connaît ni les grandes résolutions ni les hautes pensées.

Les pays tranquilles, organisés, où l'on jouit depuis longtemps de la paix et de ses bienfaits, n'ont pas à s'occuper de ces distinctions. Toutes les capacités, toutes les forces concourent au bien-être général : il en est autrement dans les États agités. Le but d'un gouvernement doit être d'y ramener l'ordre et la tranquillité; et pour cela il faut qu'il se crée des appuis. Qu'il fasse donc un choix parmi les forces vives ! il doit en appeler à lui la portion la plus puissante, se mettre à sa tête, et la diriger. En même temps qu'il soit juste et non persécuteur; qu'il écoute toutes les plaintes, protège tous les droits; que la liberté, que les lois soient pour tous; et les classes à intérêts matériels seront emportées dans son mouvement, et l'État sera puissant, et le gouvernement élevé par une révolution ne sera pas exposé à tomber devant une autre.

Ces réflexions vous paraîtront peut-être s'éloigner de la cause; j'avais cependant un premier but à remplir : c'était de vous prouver que les premiers conseillers de la couronne ont fait une faute grave en adoptant le parti de continuer la restauration. Que dirai-je de toutes les autres fautes qu'ils ont commises! certes, il était facile de prévoir le coup qui allait frapper l'industrie; il fallait donc le prévenir : on ne l'a point fait ou on l'a fait gauchement et sans fruit; aussi la secousse a-t-elle été si désastreuse, que depuis quarante ans, et malgré toutes nos révolutions, le commerce n'en avait point vu de semblable. Et les classes ouvrières ! on n'a pas même vu qu'une révolution arrivée à la fin de l'été les laisserait sans économies pour l'hiver; rien n'a été fait pour leur procurer du travail; de là leurs souffrances, qui se continuent encore. Je pourrais parler de la loi électorale trop longtemps refusée; de cette adresse qui, au moment où le sang de juillet fumait encore dans Paris, demandait l'abolition de la peine de mort; de ces tristes débats élevés sur la proposition Baude; de tant de mesures enfin qui ont excité la surprise des uns et l'indignation des autres. Mais pourquoi les rappeler? Tout ce que je veux établir, c'est que des fautes si multipliées avaient dû jeter partout des mécontentemens. Certes, la plus grave de toutes, celle qui a soulevé dans le temps le plus d'inquiétudes, et qui, sans l'héroïque résistance de la Pologne, aurait pu avoir de funestes conséquences, c'est de n'avoir fait, pendant six mois, aucun préparatif militaire, je ne dirai pas pour l'attaque, mais même pour la défense : notre armée venait d'être disloquée ; et les premières levées, des levées peu nombreuses, ont été ordonnées seulement pour la fin de décembre! Or, c'est une conviction profonde pour beaucoup d'esprits, que la France nouvelle ne saurait vivre long-temps en paix avec la vieille Europe. La guerre pourra-t-elle être évitée ? c'est un problème qui reste encore à résoudre ; mais certes, si nous échappons à la nécessité de combattre, ce n'est point comme on l'a cru, parce que nous avons choisi pour roi un prince voisin du trône. Que des rangs de l'armée un grand homme s'élève, qu'il saisisse le sceptre et place la couronne sur son front, sans doute les souverainetés européennes en seront alarmées. Quels seront cependant leurs dangers ? Il faut des siècles pour ramener de pareilles révolutions ; l'histoire moderne n'en offre que deux exemples. Au contraire qu'un souverain soit renversé du trône ; qu'à côté de lui se trouve un prince de son sang qui s'empare de la couronne ; c'est là un danger qui menace tous les rois, qui siège à côté d'eux, dans leur famille, à leur foyer. Leur sûreté exige qu'ils extirpent l'exemple. Cette observation juste et profonde n'est pas de moi ; elle appartient au prisonnier de Sainte-Hélène.

Par la conduite, par l'imprévoyance du pouvoir, la société s'est donc trouvée bouillonnante de mécontentemens, de passions, d'opinions divergentes. Tant d'élémens de troubles devaient avoir leurs résultats ; le malaise général s'est fait jour partout, dans les écrits, dans les discours et même sur la place publique. Nous avons eu des mouvemens et des émeutes.

C'était là pour le gouvernement une nouvelle épreuve. Qu'allait-il faire ? connaîtrait-il ses fautes ? reviendrait-il sur ses pas ?

Il avait deux partis à prendre : l'un de rentrer franchement dans les principes de la révolution de juillet; mais ces principes demandaient l'abandon de la pairie héréditaire et de la sainte-alliance; l'autre de profiter des émeutes pour en accuser ceux qui combattaient la sainte-alliance et l'hérédité de la pairie; de jeter de la défaveur sur eux, sur leurs projets, sur leurs doctrines, et, à l'aide de l'erreur publique, de se fortifier dans le système de la restauration continuée.

Que cette dernière combinaison ne soit pas accusée d'invraisemblance : dans tous les lieux, dans tous les temps, à Rome, en Angleterre, en France, à toutes les époques, et dans tous les pays, elle fut celle de l'aristocratie. Machiavel en a donné les préceptes. Certes, c'était le parti le moins prudent; quand il ne réussit pas, il irrite le mal au lieu de l'éteindre; mais les circonstances étaient favorables; le commerce s'effrayait de ces mouvemens désordonnés qui troublaient la paix publique; quoique la cause de son mal fût ailleurs, il la voyait là, parce que là elle était visible; et il est si facile au pouvoir d'égarer pour quelque temps l'opinion des peuples!

Le ministère se mit à déclamer contre les émeutes. Il parlait de révolution, de république, de 93. La peur, les passions aveugles du grand nombre furent habilement exploitées, et il créa ce qu'on pourrait appeler un nouveau parti, celui des effrayés.

Les mouvemens populaires étaient devenus pour lui un moyen de force et de puissance : il s'en aperçut. Or, de profiter des émeutes au désir d'en provoquer, il n'y avait qu'un pas. La police est donc intervenue; elle a agi, travaillé à sa manière. Dans tous les mouvemens, dans tous les désordres, on a reconnu sa présence. Ne compte-t-elle pas dans son sein les mêmes agens qui ont inventé la conspiration de Colmar, les émeutes de la rue Saint-Denis, et tant d'autres? Croit-on qu'ils ont renoncé à leurs traditions et à leurs funestes talens? Toute conspiration avortée donne de la force au pouvoir; donc il faut faire des conspirations, parce qu'on est sûr de les faire avorter. Voilà le principe de toutes les polices sous les gouvernemens faibles : aussi vous parle-t-on d'une conspiration, d'une émeute! Voyez s'il a existé pour le pays un danger réel. S'il n'y en a point eu, et si cependant le pouvoir en fait bruit et éclat, s'il fait parade de sa force, ou s'il se montre alarmé, s'il jette partout l'inquiétude et l'effroi, soyez-en sûr, il y a un but mystérieux, et le complot prétendu n'est qu'un moyen de succès. Il y a eu plus de quarante conspirations sous l'Empire, et celles-là n'étaient pas simulées. Napoléon les cachait.

Qu'on nous dise donc ce qu'était ce mouvement de cinquante ouvriers sur le Palais-Royal, au milieu d'une fête et des gardes qui veillaient de toutes parts ! Qu'on nous apprenne comment, le 13 février, un service, caché dans une église, a été connu des faubourgs en deux heures! et ces rassemblemens du mois d'avril ! et ceux dont nous venons d'être témoins à la place Vendôme! Dans les premiers, on voyait des groupes d'ouvriers inoccupés, mais inoffensifs; dans les seconds, des curieux et des hommages. L'autorité affecte tout à coup de frivoles terreurs : des forces immenses se déploient; tout Paris accourt, chacun regarde, chacun veut savoir ce qui se passe ; les rues s'encombrent, voilà des rassemblemens, on fait charger, et le lendemain une circulaire ministérielle rassure toutes les provinces sur des dangers qu'on n'a pas courus. Par là, il est vrai, on effraie, on arrête le commerce; on fatigue la garde nationale et le soldat : mais la garde nationale et le soldat accuseront de leur malaise et de leurs fatigues de prétendus agitateurs. Des agitateurs! on en a vu en effet. Dans les divers tumultes qui ont importuné la France, un fait certain, c'est qu'il y a eu de l'argent distribué. Comment donc se fait-il qu'aucun de ceux qui en ont reçu ou donné n'ait été traduit en justice?

Certes, je ne nie pas qu'il n'existe des mécontentemens; c'est parce qu'il en existe, c'est parce qu'ils sont nombreux, que la police parvient facilement à fomenter des troubles. Mais les émeutes n'ont profité et ne profiteront jamais qu'aux ministres. Qu'on soit donc certain que les adversaires des ministres sont en même temps les plus grands adversaires des émeutes.

Cependant le système de déclamation adopté par le ministère devait aussi produire d'autres effets. Pendant quelque temps, patriote et anarchiste, jacobin, homme de 93, sont devenus synonymes. — Vous n'êtes pas de l'avis des ministres; donc vous êtes un révolutionnaire. — Mais dans un gouvernement constitutionnel, il faut distinguer les ministres de la personne du prince. On peut attaquer le système des uns tout en respectant les prérogatives de l'autre. — Non; vous voyez bien, j'avais raison, vous êtes un révolutionnaire. — C'est ainsi que pendant plusieurs mois on a raisonné en France; et ce qu'il y a de singulier, c'est que parmi ces défenseurs des ministres, il n'y en avait pas un qui fût de leur avis. Que l'on consulte, en effet, tous les intérêts, toutes les opinions, partout on entendra des plaintes, partout on trouvera des mécontens.

Il ne faut jamais trop exiger de la nature humaine. Ces hommes de juillet, et j'entends par une pareille dénomination tous ceux qui, en France, ont adopté franchement la nouvelle révolution; ces hommes de juillet voulaient l'ordre : ils en ont donné la preuve. Ils ne demandaient pas même un changement de ministère, mais un changement de système. Ils ont rougi de se voir ainsi victimes d'une odieuse combinaison. Tous ils avaient exposé leur vie; le gouvernement, les ministres, leur devaient même leur élévation. Des récompenses, ils n'en demandaient point; mais que du moins leurs intentions ne fussent pas calomniées ! Pour la plupart, ils s'en sont remis au temps, ils en ont appelé à la France mieux éclairée; mais parmi eux d'autres plus impétueux, plus ardens, sont allés plus loin, et de nouveaux partis se sont formés.

Les nationaux se plaisent surtout dans la grandeur, dans la puissance de la patrie. Ils se rappellent avec orgueil la gloire de la France sous Napoléon. Dans leur sein un parti s'est montré : c'est celui des bonapartistes.

Les égalistes ont pour profession de foi la protestation de la chambre des représentans de 1815, et comme exemple d'application les premières années de l'empire. Il y avait de l'ordre, de la puissance, un chef royal, et cependant de l'égalité partout ; il ne manquait que de la liberté. De leurs rangs est sortie une fraction qui rêve un gouvernement plus austère. Cette fraction est minime ; mais enfin elle existe. Dans les jours de juillet elle avait fait noblement le sacrifice de ses doctrines ; elle s'est recréée par l'effet même des déclamations de la tribune.

Voici donc comment, par l'effet de toutes ces causes réunies, la société a été de nouveau divisée.

D'un côté, les classes à intérêts matériels qui, dans la crainte d'une nouvelle révolution, soutiennent le gouvernement et son système.

De l'autre, les égalistes et les nationaux qui, dévoués à la monarchie constitutionnelle, veulent le gouvernement, mais ne veulent pas de son système.

Enfin les bonapartistes, les républicains, les légitimistes, qui menacent à la fois le gouvernement et le système.

Tel était l'état des choses quand le ministère du 13 mars a paru.

Il avait une grande tâche à remplir ; c'était de faire cesser des divisions qui, malgré des nuances prononcées, ont plus d'apparence que de réalité. A l'exception du parti légitimiste, tous les autres s'étaient ralliés en juillet, tous se rallieraient encore si un système d'égalité, de liberté et de force venait enfin à triompher.

Le ministère avait affiché hautement à l'avance la prétention de rétablir l'ordre et la prospérité intérieure ; il avait aussi exposé ses moyens : c'était la paix à tout prix, et la répression des émeutes par les armes. Il n'en fallait pas davantage pour prouver qu'il ne concevait pas la situation du pays, et qu'il serait inhabile à la guérir.

Cependant il annonçait de la volonté, de la résolution, et surtout l'intention prononcée de recourir à la violence.

Ces élémens donnés, quels seraient pour la royauté et pour la France les résultats probables de son élévation ? Ce problème appelait la méditation de tous les hommes politiques. Le droit, je dirai plus, le devoir de la presse périodique était de s'en occuper. *Le National* s'est emparé de la question comme tous les autres journaux. Il l'a traitée, résolue à sa manière, selon ses opinions et ses doctrines. L'instant où il écrivait était favorable. La composition ministérielle n'était pas encore officiellement connue : la royauté hésitait ; il voulait l'empêcher de se décider ; il lui a prédit des revers et montré un abîme.

A-t-il eu tort ou raison ? pour le savoir, il faut attendre que les temps s'accomplissent. Tout ce qu'on peut dire c'est que jusqu'à présent la situation n'a pas changé. Le ministère a dispersé quelques attroupemens ; mais il ne faut pas confondre le mal avec ses symptômes : les attroupemens sont des effets, non une cause. Les opinions politiques ont-elles perdu de leur effervescence ? les partis se sont-ils ralliés au pouvoir ? Voilà ce qu'il faut examiner.

Le ministère avait annoncé hautement qu'il maintiendrait la paix : peut-être même aurait-il pu se dispenser de le dire aussi ouvertement ; il ne faut pas trop parler de paix quand on veut éviter la guerre. Mais enfin, jusqu'à présent, il a tenu parole. Il avait sommé l'Autriche d'évacuer l'Italie ; l'Autriche, au contraire, s'est étendue et reste dans les États romains. Le ministère a accepté l'outrage. Je le demande, croit-on que l'abandon de la dignité nationale, que le sacrifice des intérêts perpétuels de la France et de sa sûreté future aient pu satisfaire les *nationaux ?*

Tout le monde sait qu'il tient à l'hérédité de la pairie : sa mission, son espoir et ses vœux sont de l'obtenir de la chambre prochaine ; aussi voit-on déjà comme il manœuvre ! Croit-il avec sa pairie héréditaire se rattacher les *égalistes* ? Et cependant s'il ne satisfait ni les *égalistes* ni les *nationaux*, comment aura-t-il les *bonapartistes* et les *républicains* ? Chose étrange ! Il place maintenant ses espérances dans le parti de la légitimité : il lui demande son appui, il implore ses suffrages pour le combat électoral qui se prépare. Et il ne voit pas que si ce parti se déterminait à le soutenir, ce serait plus tard pour le renverser, lui et cette royauté de juillet, que la restauration regardera toujours comme usurpée !

Les mêmes partis existent donc encore malgré le ministère, ou pour mieux dire par le fait du ministère. D'un autre côté, il est hors de sa puissance de soulager les intérêts matériels. Ce n'est pas seulement la France qui est troublée, c'est l'Europe entière, c'est le monde. Partout des guerres, des gouvernemens menacés ou renversés, partout conséquemment l'industrie en souffrance. Il faut quinze ans de paix ou une année de guerre pour rétablir en Europe un ordre de choses qui ait de la durée. Peut-être même quinze ans de paix n'y suffiraient pas. Chaque année, chaque mois, chaque jour, la guerre sera imminente. Le vieil édifice européen menace ruine ; il s'écroule. Architectes, vous placez des étais ; mais c'est ici, c'est là, c'est partout que l'édifice crie et s'ébranle. Tenez-le donc en l'air, et vantez-vous après de sa solidité.

Il ne faut jamais s'aveugler sur une situation donnée ; c'est le seul moyen de l'améliorer. Des esprits divisés, un commerce souffrant, des classes laborieuses dans la détresse, telle sera la nôtre, tant qu'on restera dans le système faux de la restauration continuée. Et au milieu d'élémens aussi inflammables, nous avons un ministère qui, pour tout paliatif, parle d'employer la force et la violence! Charles X avait mission de faire mitrailler son peuple ; avec lui on était vainqueur ou vaincu : vaincu, on devait obéir, vainqueur, il était renversé. Mais le trône de juillet employer le canon et la mitraille! Se figure-t-on l'étonnement, la surprise, l'indignation, à la vue de nos places publiques et de nos rues encombrées de cadavres? Calcule-t-on l'effet sur les esprits je ne dirai pas du combat, mais même de la victoire ? Comme la restauration serait fière ! Comme les autres partis seraient humiliés ! Quel amer levain de fiel et de vengeance fermenterait de toutes parts ! Qu'on pense donc que nous ne sommes plus au temps où les coups de fusil finissent les révolutions : ils les commencent.

Le National a prévu, a signalé ce danger, à la royauté et à la France. Il s'est adressé à la royauté, parce qu'il est un moment dans nos formes constitutionnelles où elle délibère, où elle agit par elle-même ; c'est celui où elle choisit ses conseillers ; et ce moment, on s'y trouvait. S'il s'est trompé, la faute en est au ministère : pourquoi annonçait-il un penchant si décidé pour la violence? Les ministres répondront, sans doute, qu'il faut cependant conserver l'ordre ; et tout le monde sera d'accord avec eux. L'ordre doit être le premier but d'un gouvernement, parce qu'il est le premier besoin des sociétés : mais pour le créer et le conserver, il faut d'abord satisfaire les intérêts, soit matériels, soit moraux. La pensée principale d'un gouvernement doit être non de le rétablir par la force, mais d'empêcher qu'il ne soit troublé ; non de réprimer, mais de prévenir.

L'intention politique des écrivains du *National* était loyale et légitime. Je ne m'occuperai pas, ou je m'occuperai peu, des reproches de détails adressés à l'article incriminé. L'auteur a dit que la royauté rompait *sans retour* avec le pays ; il a eu tort, sans doute ; l'expression doit être blâmée, non condamnée ; il n'y a point de *jamais* en politique, surtout dans un pays constitutionnel où toutes les fautes se réparent par des changemens de conseillers et de système. Il a comparé le ministère actuel au ministère Polignac; c'est qu'en effet dans la manière dont le ministère actuel s'annonçait, il y avait quelques traits de ressemblance : on lui voyait la même volonté de ployer le pays par la force à un système. Du reste le procès actuel offre un nouveau point de similitude. Peu de jours après le 8 août, parut dans le *Journal des Débats* l'article *Malheureuse France, malheureux roi*. Le *Journal des Débats* fut accusé, traduit en justice, acquitté par la Cour royale de Paris. Vous, Messieurs, dans une situation toute pareille, vis-à-vis d'un écrivain qui n'est pas plus coupable, vous ne prononcerez pas en 1831 une condamnation refusée par la magistrature en 1829.

Je pourrais reprendre la cause sous un nouveau point de vue; m'occuper du droit; vous dire qu'il est impossible de trouver dans l'article incriminé le délit d'excitation à la haine et au mépris du gouvernement; que s'il s'adresse à la royauté, la royauté n'est pas le gouvernement; que s'il s'adresse aux ministres, les ministres ne sont pas le gouvernement; que le gouvernement, selon la Charte et dans notre droit constitutionnel, est un être collectif composé de la couronne, du ministère et des chambres. Je reviendrais ainsi sur une question long-temps agitée sous la restauration, et, qu'au grand étonnement du barreau, il faut discuter encore. Mais non, je tenais surtout à vous convaincre que les écrivains du *National* n'avaient abordé qu'une thèse politique, qu'ils avaient eu le droit de l'aborder, et qu'il n'y avait, même en fait, aucun reproche à leur faire.

Vous voyez maintenant, Messieurs, pourquoi j'ai commencé par vous tracer le tableau de la situation des partis; pourquoi je vous ai exposé leur origine, leurs développemens, leurs divisions. C'était une nécessité pour la défense; il fallait prouver la bonne foi de l'écrivain, il fallait établir qu'en signalant des dangers, il avait obéi à sa pensée, et que ces dangers naissaient à la fois de l'état des esprits, et des moyens de gouvernement, annoncées par le ministère.

On ne le sait peut-être pas assez en France : tout ce qui divise les écrivains et les hommes de l'opposition, des écrivains et des hommes du ministère, c'est la question de l'hérédité de la pairie. Elle s'est trouvée, elle se trouve, même en secret, au fond de toutes les opinions, de toutes les choses. C'est qu'en effet selon qu'on se prononce pour ou contre l'hérédité, on appartient à un système de société ou à un autre.

Aurez-vous une pairie héréditaire, c'est-à-dire des ducs, des comtes, des seigneurs; et avec eux les majorats, les droits d'aînesse, les classes privilégiées; avec eux les emplois à la faveur, un budget sans économies, les sueurs du peuple profitant à quelques familles; en un mot, une société à l'anglaise, et la nation travaillant pour une oisive et nombreuse aristocratie? Aurez-vous au contraire une seconde chambre sans hérédité, où se réuniront toutes les illustrations nationales; verrez-vous un trône puissant appuyé sur un peuple libre; les emplois décernés au mérite, et toutes les capacités, toutes les intelligences concourant à la grandeur, à la prospérité de la patrie? Tel est le grand procès qui s'agite, et qui a commencé de s'agiter dès les premiers jours du mois d'août. Le pouvoir n'a pas hésité un instant à adopter la société par classes, et la pairie héréditaire. Je ne vous parle pas ici comme un homme qui doute ou conjecture; j'ai pu voir et entendre, j'ai vu et entendu. Depuis dix mois tout a été fait, organisé, projeté, dans l'intérêt de la conservation de la pairie. Qui signalerait les conséquences sorties de cette première pensée étonnerait bien la France! Il fallait pour réussir repousser tout ce qui donnerait du mouvement et de la vie à l'opinion; de là ces déclamations contre les théories, parce qu'on voudrait faire regarder comme des théoristes ceux qui attaquent les priviléges; de là cette bienveillance pour le parti de la légitimité, parce qu'on lui suppose avec raison de la tendresse pour la législature héréditaire ; de là le système de paix à tout prix et la sainte-alliance, parce que la guerre aurait eu ses exigences et demandé ses concessions. C'est encore pour le même motif que le ministère aujourd'hui casse et destitue des préfets, qu'il prescrit à ses agens de ne pas rester neutres dans les élections, qu'il veut arracher au pays une Chambre dévouée dont il puisse obtenir l'hérédité et son budget de 1,600 millions. Aveugle ! Il ne voit pas où le conduiraient ses principes ! Il ne voit pas les dangers qui l'entourent ! D'un côté la légitimité avec sa tenacité d'intrigues et de complots ; de l'autre l'empire et sa gloire ! Ce juste milieu que l'on vante est-il autre chose qu'un sentier entre deux abîmes.

Nous devons nous réunir pour garder la France d'une secousse nouvelle. Quel pays offrit jamais plus d'élémens de repos ? la restauration ! elle vient d'être renversée ; l'empire ! il alarme la liberté ; la république ! elle effraie les masses ; nous ne la voulons pas, nous ne pouvons la vouloir ; elle serait un court passage au despotisme d'un soldat. La monarchie constitutionnelle, avec l'égalité, avec la liberté pour tous, voilà donc le besoin, voilà aussi les vœux de la France. Elle se sauvera : nous en avons pour gage la sagesse du prince, et les intérêts devenus identiques du trône et de la patrie.

EVERAT, imprimeur, rue du Cadran, N. 16.

www.ingramcontent.com/pod-product-compliance
Lightning Source LLC
Chambersburg PA
CBHW060901050426
42453CB00011B/2075